Couvertures supérieure et inférieure
en couleur

LETTRE

DE

LOUIS D'ANTRAIGUES,

A M. DES.....

SUR le compte qu'il doit à ses Commettans de sa conduite aux États-Généraux.

ὦ Κρίτων, ἐι ταύτῃ τοῖς θεοῖς φίλον, ταύτῃ γινέσθω. ἐμὲ δὲ Ἄνυτος καὶ Μέλιτος ἀποκτεῖναι μὲν δύνανται, βλάψαι δὲ οὔ.

PARIS.

1790.

AVERTISSEMENT
DE L'ÉDITEUR.

J'AI cru utile de publier cette Lettre ; je crois plus utile encore de ne me pas nommer pour conserver avec sûreté le dépôt qui m'est confié.

Paris, 31 Août 1790.

LETTRE DE LOUIS D'ANTRAIGUES.

Lausanne, 4 Août 1790.

VOUS m'avez rendu justice, quelque éloignement que des discussions antérieures à la Révolution, ait mis entre M. le Comte de Saint-Priest et moi, je ne cesserai jamais de m'intéresser à sa destinée; ce qui l'honorera dans l'opinion de la postérité, ne peut m'être indifférent. C'est donc avec plaisir que j'ai appris qu'il avait été dénoncé au Châtelet, comme coupable du crime de lèze-Nation. Il est des haines honorables qu'il est beau d'ambitionner, et glorieux d'obtenir, telles sont celles de ses ennemis, qui cherchent à lui faire perdre la confiance du Roi, peut-être parce qu'il refuse de le trahir.

Soyez assuré qu'il sortira triomphant de cette odieuse provocation ; son triomphe sera d'être reconnu incapable de trahir la Nation et son Roi, et d'avoir mérité les ennemis qui l'ont accusé de ce crime.

Il y a long-tems que j'ai cru que si le Roi pouvait avoir cinquante Ministres à 100,000 livr. d'appointemens, nous aurions eu la paix dans notre Patrie ; mais tous les prétendans ne pouvant devenir les Agens de celui que la Loi a armé du Pouvoir exécutif, il a bien fallu exciter les bras de ceux qui doivent obéir, pour se rendre nécessaire d'une part, et redoutables de l'autre.

D'ailleurs, tant de gens jadis *si vils*, si *rampans*, se croyent hardis aujourd'hui, parce qu'ils attaquent un Ministre, tant d'autres se croyent éloquents, parce qu'ils l'insultent ; qu'il faut bien que cette place de Ministre, objet de l'ambition des uns, moyen d'éloquence pour les autres, soit enfin devenue une arène ou la nécessité de combat devient journalier, sans que la victoire, envers de tels adversaires, puisse jamais être un sujet de gloire.

Je doute cependant qu'il existe, à présent, un homme sensé qui puisse la desirer ; quelle horrible existance ! Ministres d'un Roi qui n'a plus aucun Pouvoir, chargés d'exécuter les ordres d'un Roi qui n'en peut donner aucun, responsables de l'exécution des volontés d'autrui, lors même que le Corps qui veut s'est soigneusement occupé à détruire tous les moyens de faire exécuter ses Loix ; chargés d'un détail immense, sans en être dédommagés par le pouvoir d'être utile ; en proie à la haine des Concurrens, aux insultes de tous les Démagogues, aux ridicules attaques des Journalistes, obligés d'écouter tant d'ennuyeux importans, qui sçait ! peut-être de ménager tant d'hommes vils, que le moment actuel a rendus puissants et capables d'exécuter ce que le crime a conçu. Quelle existence ! Quelle vie ! Mais doit-on s'éloigner du Prince au moment de ses malheurs, repousser une confiance que ses adversités rendent si honorables, refuser ses talens à celui qui, prêt à tomber du Trône, appelle auprès de lui ses fidelles serviteurs ? Non, non, périsse l'homme faible et coupable qui refuserait d'être le Ministre d'un Roi si infortuné (1) ; mais aussi que celui qui se dévoue sans ambition et par devoir à ces honorables et périlleuses fonctions, n'oublie pas qu'en ce moment, en ces temps de malheurs et de crimes, l'échafaud pour les Ministres fidelles, a remplacé leur exil.

Mr. de Saint-Priest reste-t-il dans le Ministere par ambition ou par devoir? Dieu seul connaît le cœur des hommes! Mais si l'ambition l'a conduit au Ministere, il est à croire qu'elle s'y est complétement éteinte; d'ailleurs, ce n'est pas quand on a l'honneur d'être accusé au Châtelet, que l'on doit éviter d'y paraître revêtu encore de ce même caractere, qui nous a mérité tant d'illustres calomnies, et des haines mémorables et glorieuses (2).

Cet événement du moment, n'est qu'une conséquence de tout ce qui se fait depuis dix mois, et le développement des projets que le succès a couronné. Mais que de pleurs ces succès feront répandre! Que le temps rendra ces succès honteux et amers à ce Peuple qu'ils plongent aujourd'hui dans le délire. Vous me demandez quand est-ce donc que satisfaisant au dernier devoir qui me reste à remplir envers mes Commettans, je leur rendrai le compte rigoureux de ma conduite aux États-Généraux? Vous me rappelez que par mes principes sur les Mandats impératifs, et par la teneur rigoureuse du mien, j'y suis plus obligé que personne; et certes, croyez-vous que j'aie pu l'oublier? Non, je ne l'oublierai jamais; il est un lieu inaccessible, même en France, aux Décrets de l'Assemblée Nationale, c'est la conscience d'un Député qui connaît ses devoirs. Il ne me sera plus permis de voir réunis ceux de qui j'ai reçu mes pouvoirs; mais ils existent, ils doivent me juger: les foudres de la haine ont pu les anéantir, mais ils vivent pour moi, pour moi seul, peut-être, ils ne peuvent cesser de former un Tribunal redoutable, dont l'opinion m'est plus chere, mille fois, que la vie. Leurs malheurs, l'oppression sous laquelle ils gémissent, les dangers qui les investissent, ont pu briser les liens qui les attachaient à l'existance Politique de l'État, mais ils n'ont fait que resserrer la chaîne qui m'unit à eux. La palme qui m'est due, sera celle que doit me mériter un zele et un dévouement digne d'un plus heureux succés, je ne peux la recevoir que d'eux seuls, et elle me sera plus glorieuse, accordée dans le fort de leurs adversités, qu'elle ne me l'eût paru dans les jours de leur plus brillante existance. Mais dois-je rendre ce compte en cet instant? On m'assure que non ; vos amis eux-mêmes le pensent, trop de vérités blesseraient donc un orgueil si tirannique, trop de vérité exposerait donc la vie de ceux à qui je dois dévouer la mienne, à ces raisons que puis-je opposer? Il faut attendre ! Mais la vie des hommes est bornée, et la loi qui doit la diriger est immortelle. C'en fut une pour moi de rendre mes comptes, j'aurais eu le tort en mourant de ne l'avoir pas fait, si la mort eût terminé ma carriere : j'ai donc rendu ce compte rigoureux avec la vérité que je dois à mes Commettans, sans omission, sans ménagement, sans restriction; et ce compte je vous l'envoie. C'est vous que j'en fais le dépositaire, me réservant, si je vis encore, quand on croira qu'il peut être publié, de le publier moi-même, vous chargeant de le faire si je n'étais plus : j'ai dit tout ce que j'ai vu, tout ce que j'ai appris, avec les diverses nuances d'affirmation qu'on doit à ce que l'on sait par soi-même, ou par l'organe d'autrui. J'ai parlé enfin, en homme qui croit essentiellement en Dieu, et qui sait que le compte que l'on rend aux hommes de sa conduite publique, n'est que le prélude de ce compte terrible qu'il doit exiger lui-même, et qu'il imputera à crime, si en parlant aux hommes on a osé altérer la vérité qu'il aime, qu'il exige et qu'on leur doit.

Ce compte est long, mais il a paru long aussi ce temps de calamité qui a détruit ma Patrie, et les forfaits sous lesquels elle a succombé, ne se retracent pas en peu de lignes.

Quand enfin l'anarchie l'aura anéantie, si un jour elle doit renaître, peut-être sera-t-il utile à ceux qui doivent la ressusciter de savoir comment elle a péri. Peut-être la longue chaîne de tant de calamités, toujours formée par le crime, ne doit-elle se briser que lorsque les mains qui l'ont tissue, seront enfermées dans la tombe; mais alors qu'on n'appercevra que le gouffre de calamités où elles nous ont plongé, on cherchera quels furent leurs premiers essais, leurs premiers crimes, quel en fut l'effroyable développement, et c'est dans des Écrits pareils au mien que l'on pourra le découvrir.

Quel est celui d'entre nous qui, ayant été un peu au fait des conspirations diverses qui ont souillé ma Patrie, puisse ignorer que très-sûrement le premier but n'ait été de détruire la Monarchie, et de la dénuer successivement de tous ses défenseurs.

Il en existait d'intrépides dans ces mêmes Communes d'où les premiers coups devaient partir, aussi le plan des pervers fût-il fondé constamment sur ce pivot, *épouvanter les honnêtes gens par des crimes, gagner les faibles par des promesses et des louanges, s'il le faut par des dons, s'assurer des vrais conjurés par le partage des dépouilles, par des largesses, par les promesses de faire succéder au Despotisme, la tirannie de leur Parti, dont ils sont devenus les Chefs.* Jamais ce moyen n'a été abandonné, je le crois, parce que toujours il a réussi.

A cet égard on a eu la plus grande facilité de s'emparer des Députés de la Noblesse et de les forcer à trahir leur conscience, ou à garder le silence. Un Député des Communes, représentant le Peuple, n'était par cela même accessible que dans sa personne; pour l'intimider il fallait l'égorger. Un Député du Clergé et de la Noblesse, représentant un Ordre de Citoyens circonscrit, était accessible et dans sa personne et dans celle de ceux qu'il représentait, lors donc qu'on ne pouvait le subjuguer et le forcer à ployer devant les opinions qu'il reprouvait, on lançait contre ses Commettans la torche des incendiaires et le poignard des assassins; quand la terreur les avait atteint, que le sang ruisselait autour d'eux, que leurs demeures étaient embrasées, on leur disait alors: " tant de malheurs sont les ,, suites de l'obstination de votre Député ,, qu'il se taise et vous serez tranquille, s'il ,, continue à résister, vous n'existerez plus ". Dès-lors ce même Député exposé aux reproches de ses Commettans épouvantés, en recevait des prieres, des ordres de se taire, de fléchir, de ne pas opposer une résistance qui entraînerait leur mort et leur ruine.

Voilà, sur-tout, ce qu'il importait de développer d'une maniere claire, précise, et je l'ai fait.

Sans des raisons de cette importance, croyez-vous qu'il m'eût été possible de rester un seul jour à l'Assemblée, après les forfaits du 5 et 6 Octobre, moi qui écrivais en Vivarais, qui publiais à qui voulait l'entendre, qu'il n'existerait plus de liberté ni pour l'Assemblée, ni pour le Roi; moi qui ai toujours cru, qui crois fermement encore que le Roi n'est pas libre, et que la liberté de l'Assemblée consiste en ce que on permet à la minorité d'opposer les raisons qu'elle veut, à un Décret pour lequel, on s'est assuré d'avance de la majorité; moi qui ne peux douter que les menaces directes et indirectes, ne forcent souvent des Députés à donner leur voix contre le sentiment de leur conscience; moi qui ne peux douter que si la minorité de l'Assemblée devenait majorité, les moyens les plus terribles ne fussent employés pour la dissoudre, et c'est cela qu'il fallait prouver, sans quoi il n'est pas douteux que les Députés de la Noblesse et du Clergé, qui ont agi directement contre leur mandat, ont commis un crime inexpiable.

Je ne crois pas qu'il ait jamais existé dans aucun siecle, dans aucun pays, une tirannie sur les opinions plus atroce, plus stupide, plus féroce, que celle qui maintenant désole ma Patrie.

Quand *Attila* ravageait les Empires, quand nos ancêtres effrayés le crurent à la fois plus puissant que Dieu, plus cruel que l'enfer, et que dans l'horreur de l'épouvante universelle, ils l'appelerent le fléau de Dieu et des hommes, ils n'éprouvaient cependant d'autre tirannie que celle d'un vainqueur féroce, qui, armé de la faulx de la mort, et de la torche des furies, moissonnait par milliers ceux qui lui résistaient, et incendiait leurs demeures; mais *Attila* épargnait ceux qui reconnaissaient son empire, *Attila* n'exigeait des Peuples désolés, que le sentiment même dont ils ne pouvaient se défendre, la terreur de ses armes; il ne s'informait pas s'il était haï, l'obéissance extérieure lui suffisait, tyran des corps, il n'osa pas être le tyran des ames; il ne commandait pas qu'on l'aimât, *il ne fesait pas jurer qu'il était aimé* (3): il ne daignait pas s'informer si dans l'obscur réduit de quelque solitude, on versait des pleurs sur ses crimes, et quand des scélérats lui auraient dénoncé des larmes, qui oserait insulter à ce Tyran, en l'inculpant du crime d'en avoir puni les hommes par des supplices? Au moins dans sa cruauté, il avait tout le courage de la puissance, et le mépris des opinions de ceux dont il était le fléau.

Sa tirannie paraît affreuse dans l'Histoire; mais depuis un an, nous avons appris qu'il en existait de plus cruelles encore, et c'est le siecle de la prétendue Philosophie et de la Liberté, qui a surpassé en férocité celui du plus épouvantable des Tyrans.

Mais, je le répete, peut-il exister de cruauté plus féroce, plus stupide que celle des Français en ce moment? Quoi! ils veulent ravir à des Députés, obligés par la Religion du serment, de suivre en tout la voix de leur conscience, la facilité d'exprimer son vœu? Quoi! ils punissent par des assassinats ou des incendies l'opinion d'un homme qui ne peut la taire sans crime! Quoi! étendant leurs forfaits sur deux Classes entieres de Citoyens, ils leur prescrivent de penser comme eux? Et c'est par des supplices effroyables qu'ils punissent le soupçon de ne pas se ranger à leurs opinions! Et ce temps où le crime couvre la terre, ils l'appellent le *Regne de la Liberté*, et les mains dégoutantes de sang humains, ils se nomment des êtres régénérés!

Non, non, mon ami, quand on est né avec l'amour de la Liberté, quand à ce sentiment vient s'unir celui de la Patrie, *quand dans l'ivresse* de l'espérance, on crut qu'il était temps pour elle de briser

ses

ses fers et de s'élever à la hauteur de sa rivale, et lorsque enfin on a vu ce qu'était pour elle la Liberté, et l'usage qu'elle en sait faire, il ne reste plus d'autre consolation que celle que la main bienfaisante de Dieu acccorde aux malheureux, celle d'échapper au tourment de ses pensées dans la nuit du tombeau.

Qu'ils me dénoncent, qu'ils incendient ma demeure, qu'ils m'assassinent, je les mets tous au pis sans les craindre : jamais leur férocité ne me causera, pour ce qui m'est personnel, les tourmens que m'ont causé les malheurs irréparables de ma Patrie. Ah! certes, je ne les crains pas; après avoir rendu la vie amere, odieuse, la ravir serait un bienfait, et cependant la crainte de la perdre est le nerf de leur puissance.

Vous regrettez *les beaux momens* que j'ai laissé s'échapper ; vous ne vous consolerez jamais de ce que le lendemain de l'ouverture des États, jouissant de la faveur des Communes, je n'ai pas cédé aux instances de ceux qui se disaient mes amis, et qui, dans une Lettre longue et signée, m'offraient la perspective de gloire et de puissance qu'il dépendait de moi d'obtenir en abandonnant mon Ordre : " *et allant seul me placer dans les* „ *bancs de mon Ordre à la salle générale* " ; mais quel est donc à vous-même votre maniere de penser? Vous avez donc oublié tout ce qui à cette époque eût rendu cette conduite criminelle, car vous ne pourriez sans cela me désirer une gloire éphémere, qui n'eût enfanté pour moi qu'une éternelle infamie. Lisez mon Compte rendu, vous y verrez développé et prouvé ce que je vous ai dit et prouvé mille fois. Mon Mandat me laissait une assez grande latitude, mais ma conscience mettait à mes démarches le frein que n'y avait pas mis mes Commettans. Dès que les États furent assemblés, ceux sur lesquels on comptait, purent-ils ignorer les premiers complots, les premieres vues, assurément ils étaient alors bien éloignés de ceux que les succès ont fait éclore? Mais en l'état où ils étaient, si j'avais, avec connaissance de cause, accepté le parti que l'on me proposait, et que j'eusse eu ensuite à me juger, je me serais déclaré un infame, un traître, à qui il était indifférent d'ôter ou de laisser la vie; car si la mort méritée est un châtiment, la vie avec les remors en est un mille fois plus cruel.

Ce que l'on voulait alors, je l'ai dit dans mon discours du 28 Mai, sur l'opinion par Ordre, alors il fut trouvé exagéré, aujourd'hui il paraît faible; mon Mémoire et les Pieces probantes que j'y joins, prouveront qu'alors il n'était que vrai, et que je disais alors ce que je savais, ce dont je ne pouvais douter, des projets que l'on avait conçu.

Si, me laissant aller à des illusions que je n'ai pas eu un seul instant depuis le 11 Mai, je m'étais laissé entraîner à paraître seul dans les Communes, oublions ces premiers élans de joie qu'eût causé cette démarche; mais enfin, quelle eût été ma conduite, quand le 6 Octobre serait arrivé; il eût bien fallu alors ou briser ma conscience, et me plonger vivant dans les remors, ou suivre *Mounier* et *Tollendal* (3).

Croit-on qu'alors la haine m'aurait moins poursuivie? Non, elle aurait été aussi active, aussi implacable; mais ses effets eussent été plus cruels; je n'aurais pas eu le même sentiment intérieur qui me la fait mépriser; et grand Dieu ! sans ce sentiment où serait maintenant mon espoir et ma consolation ? Les illusions qui embellirent toute ma jeunesse sont détruites ; je n'avais aspiré qu'à la liberté, je n'avais vécu que pour elle, le roman de ma vie est fini, que me reste-t-il ? L'assurance de n'avoir fait à l'Assemblée que ce j'y devais faire, de ne m'y être jamais compté pour rien, et d'y avoir compté ma Patrie pour tout, de n'avoir pas hésité une minute entre la faveur populaire qui m'était acquise, et qu'il m'eût été si aisé de porter à son comble, et la résolution d'y renoncer plutôt que de m'éloigner d'un Trône que mes mandats, ma conscience, mon devoir, mon inclination me rendait cher et sacré ; d'avoir renoncé, sans aucun ménagement, à la bienveillance du Peuple, aussi-tôt qu'elle est devenue le prix des opinions que je regardais comme criminelles. Il n'y a que moi qui sache ce qu'il m'en a coûté pour renoncer à l'objet de l'unique ambition de mon cœur, et cela au moment où le prix m'en était offert ; après ce sacrifice, je rougirais de compter les autres ; il est des cœurs qui sauront m'entendre : peu de gens avaient apprécié plus haut que moi la faveur populaire, je la possédais...; *j'ai voulu la perdre, et je ne veux plus l'obtenir :* quand on est là, on peut parler de ses sacrifices. Privé du but de mon ambition, je n'en ai qu'une, celle de remplir mes devoirs, et l'assurance de ne m'en être jamais écarté, devient mon égide contre mes implacables ennemis.

Il est un prix lent, mais sûr pour ceux qui sacrifient tout à des opinions que la conscience leur inspire, c'est qu'elles deviennent plus cheres en raison des sacrifices qu'on leur a fait; quand, en les soutenant, on a tout perdu, le sentiment qui vous y attache, console de tout; elles se découvrent chaque jour avec une clarté nouvelle. Quand ces opinions furent vraies; on voit chaque jour se développer les malheurs que l'on avait prévu, et en versant des pleurs sur sa Patrie, ces larmes n'ont rien d'amer ni de cruel, on se sent innocent des crimes qui l'ont perdue; le martir des opinions qui l'eussent sauvée, et cette justice que l'on se rend, nous console des attentats des pervers et de leurs cruautés.

Pour les hommes qui ne furent jamais appelés aux devoirs des hommes publics, ils se consolent des malheurs individuels, par le souvenir des jours heureux qui embellirent leur vie ; pour les hommes publics, c'est l'avenir qui, pour eux, est le pays des espérances; la justice de la postérité devient leur domaine, l'atroce injustice des méchans les fit mourir dans leur siecle; mais ils vivent dans un autre. L'Histoire ajoute la certitude à leur espoir ; en la parcourant ils voient CROMWEL abhorré, et STRAFORD chéri ; CATILINA, l'objet d'une éternelle haine, et CICERON, celui d'un éternel amour; ils se flattent qu'il n'est pas nécessaire d'avoir le génie de ces Grands Hommes, pour mériter l'estime de la postérité, ils jouissent d'avance de cette estime paisible et pure, qu'on n'obtient qu'avec des intentions droites, sans prétendre à cette admiration qui, pour les Grands Hommes en tout genre, se réunit à l'estime et au respect.

Oui, il viendra un temps où tant d'idoles du Peuple deviendront pour lui des monstres d'horreur, l'opprobre pressera leur mémoire, l'infamie, peut-être, cherchera encore à frapper leurs cendres; alors les cœurs vertueux, les Citoyens intrépides envieront le sort de *Mounier*, pauvre, proscrit, outragé dans cette Ville qu'il rendit libre, et où des assassins voulaient terminer ses jours. Dut le succès couronner tant d'audace, son sort serait encore envié. *Aristide*, proscrit d'Athenes, ne put l'être du souvenir plein de respect de la postérité.

Quant aux moyens dont on se sert pour ôter à toute vérité, toute croyance, et à ceux qui les annoncent tout crédit, ce moyen est pris dans la connaissance qu'ils ont du Peuple; dès qu'un homme ne pense pas comme eux, et qu'il peut être craint, on se hâte de le calomnier, on le diffame; s'il se défend il use son tems, et ses forces à se battre contre des infames; s'il se tait, le Peuple crédule le haït, et les vérités qu'il lui annonce sont perdues.

Ce moyen est infaillible avec un Peuple *crédule*, *devenu féroce*; plongé à la fois dans la licence et la terreur, qui s'effraie lui-même de ses excès, et qui, voulant cependant les continuer, ne peut se persuader que le Ciel permettra qu'ils soient sans punition et sans terme.

Avec ces moyens on a étouffé la vérité, rendu ses défenseurs odieux, et on a porté le délire de la cruauté à son dernier terme.

Le reproche que vous me faites de n'avoir

pas engagé ceux que la Noblesse honorait de sa confiance, à la porter à consentir avec les Communes un accommodement qui nous eût conservé nos propriétés. Croyez que je ne l'ai pas mérité, et comme vous n'êtes pas le seul qui m'imputiez ce tort, j'ai dû m'en disculper. Oui, je le sais, on a offert à la Noblesse d'assurer ses propriétés Seigneuriales et honorifiques, avant qu'elle passât dans la Salle Commune; oui, j'y ai résisté, et je n'aurais négligé aucun moyen d'empêcher que ce honteux Traité ne fut conclu, si la seule proposition n'eût paru un outrage aux Nobles à qui elle fut faite.

Mais, quant à cette proposition, ce ne fut point directement à moi qu'elle fut présentée, et vous verrez dans mon Mémoire à qui elle fut offerte, et quelle était sa latitude. Au lieu de l'appuyer, je la dénoncai dans mon Discours du 28 Mai, et j'en fis sentir toute l'ignominie.

Ce n'était pas pour de vils intérêts personnels qu'il importait de conserver les divisions politiques des Corps Législatifs, c'était pour l'intérêt du Peuple, pour le salut de tous; ayant cette grande et belle cause à soutenir, fallait-il souiller notre défense d'un motif si abject de cupidité? D'ailleurs, ici l'intérêt même personnel exigeait ce que prescrivait l'honneur : dans un pareil accommodement, la honte seule de l'avoir conclu eût été notre partage ; nous eussions péri, on n'en eût pas moins détruit nos propriétés, et l'opprobre éternel d'un marché si honteux, aurait seul survécu à notre existence.

A quel titre les Communes pouvaient-elles transiger ainsi? Quelle garantie de leur fidélité à un engagement si bizarre, et une fois réunies, et formant avec nous le Corps Législatif, qu'on me montre comment une promesse d'une partie du tout antérieure à l'existence du tout, lui aurait paru une Loi? Nos Commettans n'ont pas exigé de nous de triompher de la force, ils n'ont pas exigé de nous que nous résistions seuls à un Peuple forcené de passions et de rage ; mais ils exigerent, sans doute, que nous périssions avec dignité, et le seul moyen de nous conserver cet honneur, était de repousser tout accommodement dont l'intérêt personnel eût été la bâse.

Et qu'on n'imagine pas que nous nous soions abusés un seul moment sur notre position ; qu'on ne croie pas que ceux à qui la

Noblesse accordait quelque confiance, aient cru un seul instant qu'il était possible de parer les coups qu'on nous portait; non, nous ne l'avons pas cru, pas même le 23 Juin, et je le prouverai jusques à l'évidence. Ah! la conspiration qui devait faire de la Noblesse et du Clergé les premieres victimes, pour détruire plus aisément l'autorité Royale, était trop fortement combinée, ses Agens placés trop près du Trône; à la fois ils trahissaient le Chef de l'État et ils corrompaient les dernieres classes du Peuple.

Placés entre ces écueils nous devions périr, et nous ne l'avons jamais ignoré; mais quand notre perte fut inévitable, nous ne cherchâmes qu'à la rendre utile au Roi, au prix de toutes nos prérogatives, nous voulions essayer de défendre la sienne; et le 27 Juin, je le demande à ceux qui siégeaient ce jour mémorable dans la Chambre de la Noblesse, quel motif nous fit céder, quel motif entraîna tous les Députés, et nous conduisit dans la Salle Commune, ce qui se passa alors, et ce qui se passa directement avec moi la veille, et par écrit? Voilà ce que je dois dévoiler, prouver, divulguer, et certes je crois l'avoir fait de maniere à convaincre que nous ne pouvions, sans crime, nous conduire autrement que nous ne l'avons fait.

J'entens de toute part les Étrangers s'étonner de la faiblesse de la Chambre de la Noblesse, s'étonner de sa permanence à l'Assemblée ; quand enfin la violence la mieux caractérisée l'eût forcée de se réunir ; quand il ne lui restait d'autre parti que de se parjurer ou d'être égorgée ; quand, publiquement, sans pudeur, on se vantait d'incendier nos demeures, et d'attiser plus ou moins les flammes dévastatrices, suivant notre fermeté ou notre faiblesse : grand Dieu ! non, tu ne veux pas que la vérité disparaisse de la face de la terre, tu ne le permettra pas ; la génération actuelle se précipite dans la tombe, mais la vérité est immortelle, elle plane sur elle, elle se formera de l'unanime suffrage de ceux qui la connurent. Alors, qu'il n'y aura plus de danger à la publier, j'ose croire que ceux qui, comme moi, ne purent l'ignorer, auront la religion de ne la pas taire. Ah ! ce n'était pas par notre intérêt personnel qu'on nous forçait de rester, malgré nos sermens, c'est par des terreurs plus cruelles, terreurs renouvellées à tous les instans, terreurs auxquelles il n'était pas permis de résister, ni de s'habituer ; celle qui nous jetta dans la Chambre des Communes, fut encore celle qui nous y fit rester. Hélas ! à ce prix nous espérions..... on nous le promettait.... et nous avions promis de vivre et de mourir pour lui ; nous nous crumes tous appelés à consommer nos sacrifices.

Oui, la postérité nous rendra tout l'honneur que d'infames calomniateurs veulent nous ravir ; nos motifs seront connus, notre situation affreuse sera dépeinte, et les plus insensibles des hommes se laisseront attendrir en voyant tant de fidélité, suivie de tant de malheurs.

C'est en vain qu'ils nous diffament, c'est en vain qu'ils s'honorent de se baigner dans notre sang, et de le faire répandre à leur gré, la postérité nous vengera d'eux ; elle dira, si l'amour de la Patrie, si le dévouement à son Roi assuraient les succès, ils n'auraient pas succombés.

On nous reproche des fautes, et qui n'en eût pas fait? Mais leurs crimes furent heureux, et nos fautes dans le malheur nous sont imputées à crimes ; c'est bien là la morale de ce siecle si vil, d'applaudir au forfait triomphant et d'insulter à l'adversité. Si l'opinion de la postérité doit être pour l'honneur, et la vérité la digne récompense de ceux qui se dévouent à sa défense; ambitionner l'opinion de ses Contemporains et vouloir l'obtenir à tout prix, voilà le vrai moyen de se dégrader au-dessous de son siecle; c'est cette fatale ardeur de faire parler de soi, c'est cette ridicule manie de célébrité qui a fait le plus de mal à ma Patrie.

Souvent le ridicule le plus grossier se joignait à la plus étonnante immoralité; un Étranger n'aurait apperçu dans cette fureur de faire parler de soi, que ce qu'elle offrait de ridicule; mais pour un Français, le ridicule disparaissait, tant le péril de cette manie était éminent. Pour obtenir la faveur du Peuple, il fallait séconder ses vues, flatter ses vices, et quand le crime l'eût rendu cruel, il fallait excuser ses cruautés; les excuser parut faible, il fallut les louer. Chose effroyable! Ce siecle qu'on nommait l'aurore de la Liberté, offrit un scandale que la tirannie n'avait pu présenter.

Papinien, sujet de Caracalla, trouvait qu'il

était plus facile de commettre un meurtre que de le justifier : de nos jours, il eût changé de maxime, et il aurait vu que le Peuple se lasserait plutôt d'en commettre que ses flatteurs de les préconiser.

Dans le malheur, tout ce qu'on fait pour s'en garantir l'accroit encore ; sans doute c'était une noble et belle idée que de s'entourer de nos Commettans dans nos Séances publiques, de les appeler à nous juger, de nous imposer à nous-même le frein redoutable de leur censure. Ah ! quel parti cependant des pervers ont tiré de cette publicité de nos Séances : bientôt un Peuple soudoyé et furieux a rempli nos galeries ; il a exigé des Décrets, il a applaudi des discours qu'il eût fallu punir, il a osé menacer, insulter ses Députés, parce qu'ils résistaient à ses fureurs.

Un Peuple menacer ses Députés dans l'azile même où ils doivent parler sans déguisement et sans crainte, voilà des crimes de léze-Nation, commis à la vue de l'Univers, et l'on s'est bien gardé de les punir ; tandis que d'atroces Écrivains passent leur vie à encourager la délation, à louer les délateurs, et que fiers d'un emploi que tout homme d'honneur rougirait d'exercer, ne pouvant trouver des crimes réels à poursuivre, ils se plaisent à nourrir dans le Peuple des terreurs imaginaires, qui le rendent féroce et criminel.

Eh ! grand Dieu, qu'est-ce que le Peuple est venu apprendre dans nos Séances, il y a vu les plus féroces des passions continuellement aux prises; sa présence animait ses flatteurs; ses applaudissemens les échauffaient, au milieu de ce délire de la colere se promulguaient les Loix de l'Empire; et quand ses Loix ravissaient à une partie des Citoyens leur existence et leur propriété, on a entendu des applaudissemens affreux insulter au désespoir, à la douleur et aux regrets; il y a vu des Législateurs s'investissant des fonctions de Juge, accuser, mander devant leur Tribunal, et juger, et que dis-je juger? Lorsqu'on prononça sur le Parlement de Bretagne, est-ce un Jugement que l'on rendit? Dieux ! qui oserait le dire? Jamais, jamais mon cœur ne fut saisi d'un tel effroi : la Séance avait été longue, tout-à-coup l'ardeur de la terminer se manifeste; d'une part la fureur de condamner s'annonce par des cris, de l'autre celle d'absoudre, de modifier, d'adoucir, cause les plus vives allarmes; dans ce moment la terreur, la rage, la crainte, le désespoir se manifestent de toute part; le Parti faible (*) veut éluder, attendre des momens plus calme, le Parti triomphant s'en apperçoit, alors partent des cris de fureur dont il est impossible de rendre toute l'horreur, le mot *aux voix* est prononcé avec une férocité dont il est impossible de se former une image, l'agitation, l'ardeur, le délire des galeries est à son comble, de toute part on exige avec menace que l'on prenne les voix; et cette impatience de juger était-ce pour absoudre qu'elle se manifestait? Non, c'était pour condamner.

Ce cri épouvantable, *aux voix ! aux voix*, est

(*) Parmi ceux qui ont suivi le Parti opposé à celui que j'ai soutenu, il y existe des hommes pleins d'honneur, et pour qui j'ai une sincere estime; mais ceux-là ont été séduits par l'amour de la Liberté; ils n'ont pas vu où l'on voulait les entraîner, et maintenant, peut-être, se dissimulent-ils à eux-mêmes nos malheurs présens, et sur-tout notre sort à venir. Ceux-là ont suivi un parti qui les a déçus, ils n'en étaient pas les Chefs.

est la réponse qu'on oppose à toute réclamation, à toute raison, ce cri est devenu en France, ce qu'est le cri de mort chez les Sauvages, quand, entourant un malheureux désarmé, et prêts à le dévorer, ils aiguisent leur faim par la chanson lugubre qui lui annonce son supplice.

Ces *voix*, tant réclamées, sont prises, données; il y a des coupables, il y a des peines, des condamnations, le Président les prononce; aussi-tôt, (y aura-t-il un Peuple qui veuille le croire?) partent des applaudissemens de toutes les galeries; et moi j'ai vu, et cent autres ont vus comme moi, des Députés eux-mêmes applaudir à l'Arrêt qu'ils venaient de rendre, et aux peines qu'ils venaient d'infliger.

Jean-Jacques! (5) toi, dont sans cesse on outrage la mémoire; toi à qui on éleve de si honteux trophées, quelle eût été ta profonde douleur, si tu eusses assisté à ces cruels débats! Grand Homme! c'est donc en vain que tu espérais que tes malheurs se termineraient avec ta vie! Le tombeau n'est pas même devenu pour toi un azile paisible, il a fallu que ton nom, que tes préceptes indignement calomniés, servissent à la haine de tes ennemis; que tes Écrits, faits pour essuyer les larmes des malheureux, fussent cités sans cesse par ceux dont le bonheur est d'en faire répandre, et que ta morale si douce, tes principes si modérés, si sages, que ton respect pour la Monarchie Française, (*) servissent de moyen à ceux qui l'ont détruite ; que ton amour pour la paix, que tu préférais à la Liberté, fut méconnu par ceux qui nous ont ravi la paix sans nous donner la Liberté ; au moins le Ciel qui nous réservait à tant de fléaux, t'épargna celui d'en être le témoin. Le Ciel t'épargna le tourment d'être obligé, sur le déclin de ta vie, de reprendre cette plume victorieuse et toujours pure, pour repousser d'insultans éloges, pour prouver que tu ne fus ni un scélérat, ni un factieux, pour retirer ton nom et tes Écrits des mains de ces sacriléges Écrivains.

J'avoue qu'en voyant le respect que l'on témoignait pour lui, j'eus la bonhomie de le croire sincere, et j'osai exprimer le désir qu'il vécut encore quand on s'occupait à rédiger cette Déclaration des Droits, qu'alors je ne présumais pas devoir être la collection de décrets qui porte ce nom. (6) Ce vœu téméraire

(*) Lisez le jugement sur la Polysynodie, page 125, Édition *in-16*.

eût été cruellement puni, s'il eût été exaucé.

Je le demande aux plus hardis Démagogues, ne croient-ils pas qu'il serait mort de douleur s'il eût appris comment cette Déclaration des Droits des Hommes fut acceptée par le Roi, au moment épouvantable où l'on n'en respectait plus aucun; au moment....; mais je ne veux pas que cette Lettre soit le compte que je dois rendre, et je me tais.

A la fois on m'a reproché d'être infidele à ses principes et à mes Écrits, ce reproche ne m'a jamais causé le plus léger chagrin; 1°, il ne s'agissait pas de soutenir mon premier Ouvrage (*); mais d'acquitter mes devoirs d'Homme Public; il ne s'agissait pas de soutenir par ma conduite les erreurs d'un Ecrit qui pouvait en contenir, mais d'opposer à ces erreurs de théorie, s'il y en a, mes actions et ma conduite : enfin, mes Commettans ne m'avaient pas envoyé aux États-Généraux pour y servir mon amour-propre; mais pour y servir ma Patrie, ainsi à cet égard j'étais bien résolu de suivre ma conscience, sans avoir aucun ménagement pour mes erreurs d'Auteur, si j'en avais commis;

(*) Mémoire sur les Etats-Généraux, leurs droits, et la maniere de les convoquer; publié en 1788.

mais enfin, je l'ai relu cet Écrit qu'on m'oppose sans cesse, je l'ai jugé, et après l'examen, je n'ai pas rougi d'en être l'Auteur. A la vérité, on le croirait écrit pour un autre Peuple; mais quand je le composais, ce Peuple, si cruel aujourd'hui, était doux, opprimé, malheureux; ses longues infortunes, la puissance terrible de ceux qui l'enchaînaient éleva mon courage, l'ardeur de le servir me transportait; on lui refusait toute justice, je ne connus, je n'exposai que ses droits; alors enfin, je ne vis que ses adversités, et je ne soupçonnais pas sa férocité.

Ces illusions m'ont déçu, j'en conviens, et il m'en a cruellement puni; mais il n'est pas une seule ligne de ce Livre que je ne voulusse avoir écrite, pas une seule que je ne dusse écrire au moment où il fut publié.

Cette phrase si véhémente contre la Noblesse héréditaire, parut à mes Commettans ce qu'elle devait être; ils virent bien que ce n'était pas contre eux qu'elle était lancée; pauvres et fidelles, ils partageaient les calamités du Peuple, et les erreurs des Rois n'altéraient pas leur fidélité pour le Trône. (6) Ah! ils virent bien qu'elle s'adressait à cette Noblesse cupide, insatiable, tirannique autant que servile, qui depuis deux cent ans obsédait le Trône, en dévorait les faveurs, applaudissait les fautes des Rois, et rendait leur regne mille fois plus cruel que celui d'un Tyran. Ce que j'ai dit de cette Noblesse, elle le méritait, et elle l'a prouvé; et comme si le sort des Courtisans de tous les Pays et de tous les siecles devait toujours être de nuire à leur Patrie par leur bassesse, on les vit toujours après avoir été le fléau des Despotes, en fomentant leurs vices, ne trahir les Rois que pour devenir les Courtisans et les fléaux du Peuple, en flattant sa cruauté, en l'encourageant au crime, en mendiant sa bienveillance, en aiguisant sa cupidité, en le trompant, en l'égarant, en l'infectant de tous les vices dont leur cœur est le repaire.

Il sera utile à la postérité d'observer que, les premiers défenseurs du Peuple, ceux qui soutinrent sa cause quand tout était à redouter de l'autorité des Rois, sont tombés rapidement dans sa disgrace, et que ces vils esclaves, nourris des largesses du Prince, ses corrupteurs, les agens de la longue tyrannie des Ministres, sont devenus aujourd'hui les Chefs de ce Peuple abusé, qui ne sait ni honorer, ni connaître la Liberté, qu'il faut flatter comme les Tyrans; qui, comme eux, ne sait être puissant que pour être injuste, et cruel avec impunité. En voyant en ce moment les premiers défenseurs du Peuple, ceux que l'on traitait, en 1788, de Démagogues, d'hommes hardis, aujourd'hui proscrits, ruinés, poursuivis par les flammes et les poignards, dénoncés comme ennemis de leur Patrie, et ces esclaves d'alors, élevés par le Peuple, jouissant de toute sa faveur, on apprend quelle sorte de Liberté le Peuple désire et quelle récompense ses coupables flatteurs en attendent.

Leurs reproches continuels, de ne m'être pas rangé de leur parti, la contradiction qu'ils ont dénoncée au Peuple, entre mon premier Écrit et ma conduite, ne me donne ni colere, ni regrets. Des regrets ! Il leur appartient bien de me les faire connaître. J'ai dit sur cet Écrit ce que j'en pensais, j'ajoute que c'est bien moins les erreurs de cet Écrit qui font mon crime à leurs yeux, que la terrible vérité qu'il recelle ; vérité, qui de loin leur présage leur sort à venir ; vérité, qui régénérera ma Patrie, qui l'empêchera de périr sous leurs attentats. Ce n'est pas moi qui le premier l'ait développée, je l'ai trouvé dans les tombeaux de nos Ancêtres, elle fut leur palladium, elle deviendra le nôtre ; oui, mon opinion sur les *mandats impératifs*, voilà mon vrai crime, ils ne me le pardonneront pas ; on les a proscrits, on a annullé nos sermens, mais on n'a pu anéantir l'Etre immortel qui les reçut, ainsi ils n'ont pu nous en délier. Hélas ! j'établissais cette salutaire doctrine par des raisons, et ils en ont démontré la nécessité par nos malheurs. Malgré eux elle nous sauvera du naufrage, et jamais, jamais cette doctrine ne sera oubliée, ni anéantie. Je croyais avoir tout fait pour la soutenir, mais que n'a-t-on pas fait pour la détruire. Avant l'Assemblée des États que n'a-t-on pas tenté près de moi pour m'engager à l'adoucir, à la modifier? Les traîtres! déjà ils minaient les fondemens de la Monarchie, et, appelés pour la soutenir, leurs mains perfides s'occupaient à l'anéantir.

Il faut donc encore y revenir, et je l'ai fait dans un Écrit, en opposant cette doctrine aux Mandats que les Bailliages ont donnés ; j'y prouve qu'en la pratiquant il n'est aucun bien que nous n'eussions obtenu, aucun de nos fléaux que nous n'eussions évité. Cet Ouvrage, je vais le publier.

Certes, croyez-vous qu'il m'eût été possible d'être témoin d'une pareille révolution sans en écrire l'Histoire, je vous le demande; cela est-il possible? Non, sans doute. Les journées j'observais, j'agissais, j'accumulais les faits, les propos, je tenais régistre d'un geste, d'un mot, le soir j'écrivais cette cruelle, cette honteuse Histoire; ce travail fut celui de tous les jours; il differe essentiellement de mon Compte rendu, en ce que, dans l'Histoire, je raconte tous nos malheurs et les causes de nos malheurs. Dans l'autre Écrit, m'occupant de moi seul, et de mes relations avec mes Commettans, je ne rends d'autre compte que celui de ma conduite et de mes opinions. Mais autre chose est d'avoir écrit cette Histoire, autre chose de la publier. Dans un compte de ma conduite, je ne dois pas redouter la chaleur même de mon ressentiment, car souvent c'est l'état de mon ame, les angoisses de mon cœur, qui justifient mes opinions et allégent mes fautes.

L'Histoire doit être sévere, implacable, mais juste et impassible; et j'avoue qu'en l'écrivant je désirais d'être juste, mais j'étais dans les horreurs du désespoir. Le temps doit épurer ce grand Ouvrage, le temps qui éteint les vives douleurs, ôte au ressentiment cette âcreté qui quelquefois le rend injuste, même envers le crime. Je me reprocherais donc de publier cette Histoire qui, d'ailleurs serait incomplette, puisqu'elle s'arrête au premier Mars 1790. Dans quelques années je la relirai de sang-froid; mais ne craignez pas qu'elle me soit ravie, à mesure que je l'écrivais l'amitié la recueillait, et ses soins lui donnaient azile dans cette isle heureuse où les Comités des Recherches sont inconnus, et où ses Agens ne pénétrent pas.

Si la mort termine ma vie avant que j'aie pu la corriger, elle sera publiée telle qu'elle fut écrite; mais, prévoyant cet événement, je ne cache pas, dans une Préface que j'ai fait à ce sujet, dans quelle position elle fut écrite, et mon désir de la relire pour l'examiner de sang-froid et la juger.

Je n'ai pas eu, je l'avoue, pour les injustices de mon Pays envers moi, la même fermeté à les mépriser, que j'opposais à celle de mes autres ennemis. Les outrages du Pays que je servais m'ont tous été au cœur, et si cet aveu satisfait sa haine, si le mal qu'ils m'ont fait plaît à leur cruauté, je ne peux leur refuser ce triste plaisir (7).

Je n'ai de ma vie cessé d'aimer mon Pays, et s'ils veulent me punir de cet attachement si aveugle, ils le peuvent, car j'ai bien mérité d'en être puni.

J'en parle cependant sans amertume, je sens que je ne peux le haïr ; mais j'ai dû faire ressortir la cruauté de leur rage. Quant à ceux qui souillés à la fois d'ingratitude, d'ineptie et de bassesse, qui, jouissant encore de mes bienfaits, se sont mis à la tête de mes ennemis ; ce serait trop les honorer que de s'en plaindre et de les nommer.

Mais je peux dire à mes Concitoyens, ce que peut-être peu de gens peuvent dire, c'est que je les somme tous, de me nommer quel est celui d'entre eux qui, depuis que j'existe, se soit adressé à moi sans qu'aussitôt j'ai tout mis en usage pour l'obliger ; réussir en tout eût été trop heureux pour moi, mais au moins tous ceux qui ont eu recours à moi ont eu des preuves d'un zele qui tenait de trop près une passion de mon cœur, pour être d'un grand mérite. S'ils ont donc voulu me faire sentir qu'on était quitte de reconnaissance quand on trouvait son bonheur à les servir, il faut convenir qu'ils n'ont pu s'y prendre mieux. Cependant leur rage leur est étrangere, c'est de Paris qu'elle leur est inspirée ; ils sont incapables de ces excès de cruauté. Je m'attens à *tout*, parce que je sais très-bien que l'on se portera à tous les excès, et que l'ardeur de corrompre le Peuple et de lui plaire, engagera, peut-être, à proposer dans quelque Séance nocturne, de lui livrer les débris de nos Droits Féodaux, dont on n'a pas osé nous dépouiller ; je suis convaincu que cela arrivera, et je le prévois sans terreur (8).

Ce siecle est un siecle de malheurs que nous devons illustrer par nos revers et notre courage : ils peuvent nous ravir nos fortunes, mais non le trésor de leur haine ; et l'honneur de la mériter doit nous dédommager de tout.

Soumis, comme je le dois, aux Mandats dont j'étais le porteur, j'ai servi tant que ma santé me l'a permis ; dès le mois de Janvier j'avais demandé mon congé, et je l'avais obtenu ; mais, alors par des manœuvres dont *aucune ne m'est inconnue*, et que je ne tairai pas, il parut utile de m'inculper dans l'affaire de l'infortuné Favras, aussi-tôt je rendis mon congé, et j'attendis d'être assigné avec une vive impatience. J'étais prêt, non-seulement à rendre témoignage de son innocence, mais, devant ce Peuple furieux, j'aurais énoncé mes sentimens sur cette nouvelle insulte, sur ces ténébreuses inquiétudes, qu'on avait cru devoir n'atteindre que les Tyrans, et qui ont causé la mort de cet homme infortuné; je ne fus pas assigné, alors j'ai redemandé mon congé. Je suis parti, suivi par les Inquisiteurs; les dénonciations couraient la poste avec moi; (9) et par la plus ridicule manœuvre, par un tissu d'infames calomnies, on crut m'avoir enlacé. Leurs propres démarches devinrent ma justification. Pour avoir tu mes sentimens, je n'en ai pas été capable, et je les défie de m'imposer silence; mais pour avoir soulevé les Peuples, ils savent trop comment on y parvient, et je n'en ai jamais eu ni le criminel desir, ni la possibilité.

Enfin, j'ai cessé mes fonctions, parce que ma conscience et mes sermens m'ont prescrit de ne les plus continuer. Il est vrai, j'ai regardé comme une chimere, ou une calomnie envers l'Assemblée, ce bruit répandu sans cesse, depuis six mois, qu'elle décréterait que les Français réfugiés chez l'Étranger seraient forcés de rentrer en France, et qu'ils y seraient contraints par la confiscation ou la saisie de leurs propriétés; ce que vous m'apprenez cependant, me fait regarder cet événement comme possible, puisque ce même Peuple qui égorge les Prêtres et les Nobles, en France, exige maintenant que ceux qui se sont soustraits à la mort, viennent s'offrir aux couteaux des meurtriers.

De quelque beau préambule que l'on décore ce Décret, il sera difficile de prouver qu'il est une conséquence de l'Article II, de la Déclaration des Droits : *Le but de toute association*, y est-il dit, *est la Liberté*, *la Propriété*, *la Sûreté*, *et la résistance à l'Oppression.*

Or, pour ceux que l'on égorge en France, les empêcher de fuir la France et les forcer à y rester, paraît gêner leur liberté.

Saisir leurs biens s'ils n'y rentrent pas, paraît attaquer la *Propriété.*

Les assassiner quand ils y habitent, et les contraindre à y habiter, paraît attaquer leur sûreté.

Les laisser sans appui, investis d'accusateurs et de Comités des Recherches, seuls contre un Peuple entier, acharné à les poursuivre et à les détruire, ne leur permet guere de se prévaloir de la résistance à l'oppression.

Non, un pareil Décret ne peut être rendu,

il ne le sera jamais, je persiste à le croire; son atroce cruauté est trop manifeste, ses moyens d'exécution sont trop infames pour être admis, ses conséquences seraient trop funestes. Les opinions d'aujourd'hui peuvent changer; voudrait-on établir en loi, la nécessité de pareilles représailles, et justifier la poursuite jusqu'à la mort, de tous ceux qui n'auraient pas adopté les opinions du moment.

L'Histoire offrirait-elle un seul exemple d'une aussi épouvantable cruauté? Je sais bien que ce ne sont plus les fastes de la Liberté dont il faut invoquer l'autorité; mais l'Histoire de la tirannie même, n'offre rien de pareil.

Tibere n'osait pas à ce point insulter à la liberté de Rome, et cependant oserait-on refuser aux Français la liberté de Rome sous Tibere? Tacite nous apprend que Calpurnius Pison, indigné des intrigues criminelles de ses Concitoyens, de la corruption des Juges, de la cruauté des Orateurs, des accusations des Délateurs, de leurs criminelles recherches, déclara en plein Sénat, devant Tibere, qu'il ne voulait plus habiter Rome, qu'il allait vivre et mourir dans quelque solitude, Tibere osa-t-il rendre un Décret pour le fixer à Rome ? Non, il l'adoucit par ses prieres, et le fléchit en employant ses amis.

On m'opposera qu'il le fit ensuite égorger quelques années après, en le dénonçant comme coupable de lèze-Majesté; je l'avoue, mais enfin, il se servit au moins des formes usitées pour se venger; et je le répete, il n'osa lui prescrire de ne pas quitter Rome. Quoi ! ma malheureuse Patrie en serait-elle venue à ce comble d'ignominie, qu'elle fut forcée de rappeler ses enfans dans son sein, par la crainte des confiscations, et de n'avoir d'autre choix à présenter à ceux qui s'en éloignent, pour surmonter l'horreur momentanée qu'elle leur inspire, que la frayeur de perdre leur propriété ?

Quoi ! grands Dieux, le regne de la Liberté n'aura produit d'autre effet que de faire désirer le bannissement, et cette peine encore cruelle sous des Despotes, paraîtrait une faveur à *l'aurore* de notre Liberté ? Non, ce dernier outrage nous sera épargné, je n'en peux douter : quant à moi, je suis prêt, j'ai rempli tous mes devoirs, peu m'importe l'événement, ce qui doit me survivre est hors de tout péril.

Je ne peux m'abuser sur l'espoir de cette grande Fédération ; je fais des vœux pour qu'elle ramene la paix; sans l'espérer. Au moins, elle aura offert à cette Ville de corruption des spectacles faits pour émouvoir le Peuple le plus féroce. Non, je le sens, on ne peut désespérer de la Patrie, en voyant du sein de ces Députés de toutes nos Provinces, jaillir, malgré tant d'intrigues, des élans si touchans d'amour pour le Trône. Vous exprimer à quel point ils m'ont ému, m'est impossible. Peuples abusés, si ce n'est que nous que vous voulez détruire, consolez-nous de nos malheurs par de pareils sentimens ! Nous nous crumes utiles à la Liberté et au Trône; eh bien, maintenant que nous ne sommes plus, soutenez seul ce Trône contre ses ennemis, et faites régner l'empire des Loix, alors nous souffrirons seuls.

Et qui de nous oserait s'en plaindre? Quel spectacle que celui de cet enfant, successeur de cette foule de Rois, dont la destinée enveloppée d'un sombre nuage, cause tant d'attendrissement et de terreur, qui, entouré de tant de complots, vit paisible au milieu de tant de haines, et oppose la candeur au crime, et le sourire de son âge aux noirceurs

de

de tant d'ennemis ; quel spectacle de le voir, ce jour mémorable, environné des Députés du Peuple de son Empire, recevoir à la fois leurs sermens, leurs vœux, leurs hommages ; et forcé de satisfaire le désir que tous lui témoignent, de rapporter dans leurs Provinces des marques de sa bienveillance, leur distribuer, non ces dons fastueux qu'accordent les fils des Rois dans les jours de leur prospérité ; mais de simples fleurs qu'ils reçoivent avec respect, se promettant de les montrer au Peuple, en lui disant : nous les reçûmes du Successeur de vos Rois, ses mains les ont touchées.

Ces braves Béarnois en ont cependant offert un plus imposant encore, quand, entourant la place où le bras de l'enfer perça le sein du meilleur, du plus grand des Rois, ils la couvrent de leurs Drapeaux, se prosternent et la baignent de leurs pleurs ! Non, Peuple Français, non, il sera impossible de vous dénaturer ; un délire affreux vous rendît coupable et cruel, mais nous en serons seuls les victimes, et un jour viendra, où revenus de tant d'erreurs, heureux, paisibles, tendres et bons, votre bonheur imposera silence à nos plaintes, et vos regrets éteindront les nôtres.

NOTES.

(1) Je comprens très-bien comment il serait possible aujourd'hui de refuser avec dignité de devenir le Ministre du Roi. Si on est convaincu, par exemple, que le Roi n'est pas libre d'accorder ou refuser sa Sanction, je crois qu'il est permis de refuser d'être son Ministre; mais quand cette idée n'a pas éloigné de cette place le 6 Octobre, je ne conçois plus la possibilité de quitter le Ministere avec décence.

(2) Il est aisé de prévoir quelle sera l'issue de cette dénonciation; fera-t-elle perdre la vie à celui que l'on a accusé? On ne l'a pas espéré; mais elle lui ravira la confiance publique, parce que si le Châtelet rend justice à M. de Saint-Priest, le Châtelet sera inculpé lui-même dans l'opinion; la haine du Peuple deviendra enfin, pour ceux qui l'auront fomentée, un moyen d'éloigner M. de Saint-Priest du Ministere : ainsi, pour ses ennemis, le succès auquel ils prétendent est à peu près assuré. Et c'est ainsi que la dénonciation est devenue une sorte de proscription lâche autant que cruelle; car si on échappe à la hache des Bourreaux, il faut périr sous le poignard de la calomnie. Cette dénonciation, et l'époque où elle est faite, présente une singuliere observation à tout homme attentif à ce qui se fait depuis un an : pour soutenir l'effervescence du Peuple, on a besoin de fournir à ses soupçons, à sa colere de nouveaux alimens, et de lui faire espérer de nouvelles victimes. Avec quel art on sait les lui économiser ! Tant que la Fédération a occupé les esprits, il a été inutile de parler de complots; quand la Fédération a été terminée, il est devenu plus nécessaire que jamais de renouveller la terreur du Peuple ; alors a paru le complot de M. de Maillebois et la dénonciation de M. de St-Priest.

Au Peuple esclave de Rome sous Tibere, il ne fallait que du pain et des spectacles ; et maintenant à ma Patrie, devenue libre, il faut des conspirations à poursuivre, et des châtimens à infliger.

(3) Je n'ai jamais pu concevoir qu'un serment fut obligatoire du moment que la violence est employée pour contraindre à le prêter, car sans cela la Religion du serment qui est le gage de la sûreté des conventions des hommes, deviendrait leur fléau. Or, du moment où l'on impose un serment, la premiere démarche pour en assurer la validité, est d'éloigner de ceux qui le prêtent le plus léger soupçon de la violence. La Société peut bien exiger de ceux à qui elle confie le gouvernement de la chose publique, le serment qui lui plaît d'imposer, parce que l'on n'est jamais forcé de se charger d'un emploi, de se revêtir d'une dignité; mais les Loix ne peuvent aller au-delà; et du moment que le refus de prêter un serment compromet l'existence et les propriétés de celui qui répugne à le prêter, je voudrais que l'on me prouvât, en ce cas, que ce serment est obligatoire. Or, je le demande, depuis le mois de Mai 1789, quelle foule de sermens n'a-t-on pas exigé de nous, et comment, dans les Provinces sur-tout, les a-t-on exigés? Il sera intéressant pour la postérité de se convaincre que ce même serment civique, exigé si impérieusement le 4 Février, des Députés qui osaient y faire des restrictions que leur conscience exige encore qu'ils y mettent; ce même serment fût prêté ce même jour, reçu avec acclamation, et le procés-verbal de l'Assemblée, souillé par le nom d'une femme, dont la seule présence à nos Séances était une cruelle preuve de l'impuissance des Loix; par celle qui, à cette époque, soupçonnée du crime de léze-Majesté au premier chef, et décrétée enfin par le Châtelet comme prévenue de ce crime, osait jurer de respecter la Constitution Française, par laquelle il est déclaré, *comme point fondamental de la Monarchie Française, que le Roi est inviolable et sa Personne sacrée.*

Voyez le procés-verbal du 4 Février, et le nom de Mmes. les Citoyennes qui y sont nommées, page 27.

(4) Personne n'a plus approuvé que moi le parti qu'a pris M. MOUNIER, aprés les forfaits du 6 Octobre, et cependant je suis resté à l'Assemblée; on saura un jour que le même principe qui m'a fait approuver ce départ, a dû empêcher le mien. M. MOUNIER jouissait, le 6 Octobre, de toute la faveur du Peuple dans sa Province, et je l'avais perdue. En imitant son exemple, je donnais un moyen à ses ennemis de rendre cet exemple moins utile. Le 6 Octobre, c'était au défen-

veur du Peuple, encore honoré de sa bienveillance, qu'il était imposé d'aller la mériter, en lui annonçant la vérité, et c'était à nous, Députés de la Noblesse, qu'on avait rendus odieux, à sauver la vie de nos Commettans, en nous sacrifiant pour eux, et en restant à l'Assemblée. A quoi a-t-il tenu que M. MOUNIER n'ait réussi à faire connaître la vérité à sa Province? On le saura un jour, et si la honte n'est pas bannie de la terre, que de gens auront à rougir.

On ne pardonnera jamais à cet homme intrépide et vertueux d'avoir le premier dévoilé les épouvantables forfaits des 5 et 6 Octobre, et d'avoir forcé à les dénoncer au Châtelet, en les dénonçant à l'Univers. Eh ! que pouvait-il faire à l'Assemblée SIÉGEANT A PARIS, qui fut aussi utile à son Roi et à sa Patrie?

(5) Parmi ceux qui connurent et aimerent cet homme illustre et infortuné, il en est plusieurs qui different essentiellement d'opinion sur les événemens actuels; mais en est-il un seul qui ne rende à sa mémoire l'hommage que nous lui devons tous, celui de convenir qu'il verrait avec horreur l'usage qu'on a fait de ses principes, et qu'il ne

pourrait supporter l'idée affreuse que l'amour de cette Liberté dont il pénétra nos ames, a fait couler le sang des hommes; non, dans une guerre civile ou la résistance autorise la violence; mais par les plus infames assassinats, commis avec tous les caracteres réunis de la férocité et de la lâcheté. Je sais que cette sensibilité même, paraît une faiblesse à ces hommes atroces, dont la prétention est *de briser les Nations*, de les maîtriser par la force de leur génie; et qui regardent comme le premier élément de cette Politique qui détruit les Empires, de ne s'approcher de l'Administration de la chose publique, que lorsqu'on a bien complettement anéanti son cœur, afin de n'être plus importuné de ses remors. C'est par un motif semblable que d'affreux Brigands n'admettent au rang des Chefs de leur troupe, que ceux qui, non contens d'assassiner, se résolvent à s'abreuver du sang encore chaud des victimes qu'ils ont frappées, croyant s'assurer par cette épreuve, que tout sentiment humain est mort dans leur ame.

Voilà donc enfin où nous a conduit ce siecle tant vanté de la Philosophie; a admirer, comme de fortes conceptions, les maximes des scélérats que nos Ancêtres auraient traîné sur l'échafaud. Ces maximes en imposent par ce qu'elles effraient, on s'épouvante de celui qui les annonce, comme si l'on se trouvait désarmé auprès d'un furieux armé d'un poignard ; et cet effroi qu'ils inspirent, ils s'en glorifient ! C'est ainsi que souvent nous vîmes prendre pour de l'éloquence, les Discours et les Écrits de ceux dont les criminelles idées imposaient silence à l'imagination même, parce qu'ils osaient dire et publier ce que personne n'osait penser. J'ai vu Jean-Jacques ROUSSEAU en 1777, écouter pendant trois quarts-d'heures le projet d'un jeune Polonais, que le délire de la Liberté avait rendu forcené, et qui pour délivrer son Pays de l'oppression, proposait des moyens que la conscience de Jean-Jacques réprouvait ; voici quelle fût sa réponse.

" Il appartient à peu d'hommes de donner la Liberté à leur Patrie, parce que peu d'hommes savent connaître et aimer la Liberté. La Liberté sans la vertu est un fléau, pour en jouir, il faut la conquérir sans crime ; votre projet me fait horreur ".

Je n'étais pas seul quand Jean-Jacques fit à ce jeune homme cette belle réponse, et celui qui l'écoutait avec moi, ne l'a pas oubliée, non plus que ce qu'il ajouta peu de minutes après, et que je ne peux me permettre de publier.

J'avoue que ce propos prouve que le bon Jean-Jacques n'était pas né pour *b iser les Nations, ni dissoudre les Empires*, et il avait la bonhomie d'en convenir et de s'en vanter.

Seconde note cinq. Pourra-t-on croire un jour qu'il y ait eu, au sujet de la Déclaration des Droits des Hommes, des débats pour décider s'il y serait dit qu'elle était faite sous les auspices de l'Etre immortel? Comme si tous les Droits des Hommes n'étaient pas des bienfaits de Dieu! Ah! s'il est vrai qu'on ait voulu anéantir la Religion de l'Empire, comment a-t-on pu redouter pour cette Religion Sainte, les attaques des hommes? C'est dans les malheurs que renaît son empire; quand la justice n'est plus sur la terre, et que la violence et le délire y c mmandent, c'est alors qu'on attend tout de la justice de Dieu, et que ce sentiment devient notre consolation et notre espérance. Ce n'est point aux hommes qu'il appartient de détruire ou d'élever la Religion ; (*) les criminels l'emploient comme moyen, et alors elle dégénere en fanatisme ; mais celui qui la croit et qui l'aime, laisse à Dieu le soin de punir ses ennemis ; sa Providence conserve quelquefois l'Univers, par les malheurs qu'il accumule

---

(*) Il s'en faut bien que je regarde comme un acte de fanatisme, la Déclaration d'une partie de l'Assemblée, le 19 Avril, au sujet de la Religion Catholique. Tout Chrétien, quand il est appelé à témoigner de sa foi, est obligé de la confesser. Tout Député, chargé de maintenir l'intégrité du Culte, doit déclarer sa volonté; c'est ce qu'a fait la Minorité le 19 Avril. Ce que j'appelle fanatisme, c'est d'aller au-delà, et d'engager le Peuple à attaquer les Religions qu'il réprouve les armes à la main, de faire enfin de la Religion un moyen politique pour soutenir un Parti. Cette Déclaration du 19 Avril, je l'ai adoptée et j'y ai adhéré. Ceux qui ont déclaré infames les Citoyens capables d'égarer le Peuple en abusant de la Religion, ont eu raison; mais ceux qui n'écoutant que leur rage, ont osé insulter des Députés qui se bornent à annoncer leur foi, et la volonté de maintenir l'intégrité et l'unité du Culte Catholique en France, n'ont pas vu qu'il n'y avait là d'infamie que pour ceux qui osent blamer des Citoyens de remplir *le plus Saint des Devoirs.*

sur un seul Peuple. Que ceux qui entourent la France jettent les yeux sur elle, et ils verront comment le bras de Dieu s'annonce par ses vengeances, sans avoir besoin pour punir les hommes, du frêle appui de nos mains.

(6) Vous m'avez aussi rendu justice, oh! vous que vos ordres et le profond respect m'empêchent de nommer! Vous, qui de ce Trône où vous régnez avec gloire, m'avez cru plus malheureux que je ne le suis, et que je n'ai connu que par les témoignages de votre estime, et l'offre de tant de bienfaits; pour les mériter j'ai dû les refuser. Eh quel parti les pervers en auraient tiré pour inculper ma conduite! Un temps viendra où je pourrai m'honorer de vos sentimens, et d'avoir été jugé digne de votre assistance; le plus précieux de vos dons, je n'ai pu le refuser, celui de vous avoir intéressé à mon sort, et d'avoir obtenu justice à vos yeux.

(7) Je ne crois pas qu'il soit possible d'imaginer à quelles infames vexations on s'est porté, pour réduire à toutes les horreurs de l'indigence, ceux dont on n'a pu *acquérir l'opinion;* j'ai en ce genre le cruel avantage d'être peut-être un exemple unique de tous les genres d'injustices et d'oppression réunis. Ces malheurs isolés d'un particulier, n'ont rien d'assez intéressant pour occuper le Public, je le sais; cependant comme ils sont employés comme moyen, pour dompter sa résistance à l'opinion prédominante, il ne m'a pas paru inutile d'en développer les causes dans mon Compte rendu, et d'en faire connaître les Agens et les effets. On verra que, quelque opposé que j'ai été et que je sois encore, aux atteintes portées aux propriétés Féodales, le 4 Août 1789, personne ne fut plus soumis que moi à des Loix que je regarde en ce qui concerne le rachat forcé des Cens, comme essentiellement injustes; j'ai dû le dire comme Député qu'elles étaient injustes, je dois le prouver dans le Compte de ma conduite, et justifier les efforts que j'ai fait pour repousser ces iniques motions; car à ce sujet, mon Mandat était si positif, qu'il m'enjoignait de quitter l'Assemblée si elles y étaient présentées; et je dois me justifier d'y avoir resté, quoique en cela je n'aie fait qu'obéir ensuite à l'ordre de mes Commettans. Mais quand ces Décrets ont été envoyés dans mon Pays, là, comme Citoyen, j'ai dû obéir; là, comme Député; j'ai dû donner l'exemple, et je l'ai fait; car avant que le taux du rachat fut fixé, j'avais envoyé une procuration pour recevoir ces rachats éventuellement, à la charge de s'en tenir au taux qui serait fixé par l'Assemblée. Néanmoins, par l'effet de la manœuvre de quelques scélérats, mis en mouvement par des instigations dont le mobile est à Paris, on a persuadé à tous mes Redevables de me refuser le payement des Cens, que l'Assemblée avait simplement déclaré remboursables; j'ai voulu aussi-tôt me pourvoir en Justice, et demander l'exécution des Décrets de l'Assemblée, alors on m'a fait entendre que mes Agens seraient assassinés; on a menacé mes Fermiers; enfin, on a fait craindre que mes possessions ne fussent incendiées; tout ce que le brigandage et la cupidité la plus ignorante peuvent imaginer, m'a été présenté comme moyen pour ne pas me payer; j'ai répondu à tout par des Mémoires signés par des Députés même de l'Assemblée Nationale, Avocats au Parlement de Toulouse, député des Communes de ma Province; je n'en ai pas été plus avancé, et encouragés à me voler, ceux qui excitaient le Peuple n'ont pas cessé leurs poursuites ; enfin, on m'a dit et écrit, dans vingt Lettres anonymes, qu'il fallait changer d'opinion ou perdre mes revenus. Il se peut que cela soit en effet la seule alternative qui me reste ; mais mon choix est fait, je le déclare, et si la justice de ma Patrie se vend à ce prix, je renonce à tout ce que j'ai au monde. Cela est clair, précis ; mais au moins cette épouvantable violence sera connue et en détail.

Par un rafinement inoui de vexation on a exigé ma déclaration de ces revenus, que l'on me retient, pour m'en faire payer le quart patriotique, et on veut que je l'acquitte sans les avoir touchés : on a fait plus, ces mêmes Communautés qui me retiennent mes Cens, ont imposé pour 1790, ces mêmes Cens au taux le plus rigoureux, le plus haut, et elles exigent que je paie l'impôt de ce revenu qu'elles refusent d'acquitter.

Je déclare ici que l'on se portera envers moi à tous les excès, sans jamais me faire changer d'opinion : que je ne payerai et le quart patriotique et l'impôt, qu'avec des délégations sur les revenus que l'on a taxé l'impôt, sans vouloir me les payer ; que si l'on incendie mes possessions, cela ne me fera pas fléchir un instant, et que maintenant que le Département de mon Pays est formé, et qu'en tout ce qui a dépendu de lui, je l'ai trouvé disposé à faire exécuter les Décrets de l'Assemblée Nationale, je m'adresserai à lui et publierai les Mémoires que je lui présenterai; car il importe à ma Patrie, non de connaître mes malheurs, mais bien pourquoi j'en suis accablé; et par quels infames moyens on cherche à me punir de mes opinions, et à me faire adopter celles que je regarde comme criminelles.

(8) On se tromperait étrangement si l'on croyait que ces Séances de l'après dîné, si imprévues pour la plupart des Députés, ne sont pas amenées de loin, ménagées avec art, et calculées d'avance par le Parti dominateur de l'Assemblée. Celle du 4 Août 1789, est en ce genre une des plus mémorables; on y décréta depuis six heures du soir, jusques à quatre heures du matin, quinze articles qui auraient exigé les plus longues discussions.

Cette Séance du 4 Août était ménagée depuis un mois; les événemens du 14 Juillet servirent encore à la hâter, car le grand art de ceux qui maîtrisent l'Assemblée, fût toujours de faire tourner *les obstacles en moyens.*

Pour engager la plus grande partie de l'Assemblée à consentir à tous les Décrets du 4 Août, il avait fallu, 1°, imposer silence par la terreur à tous ceux qui devaient naturellement s'y opposer : 2°, Anéantir les plus sages Réglemens de l'Assemblée elle-même, qui mettaient un frein aux délibérations précipitées : pour parvenir à inspirer l'effroi général aux Possesseurs des propriétés que l'on devait anéantir le 4 Août. Des Brigands s'étaient répandus dans toutes les Provinces ; on avait soulevé les Peuples contre tous les Seigneurs ; on leur avait représenté, leurs Droits Féodaux, comme d'horribles usurpations, dont, enfin, il était temps de s'affranchir, en brûlant leurs chartriers qui contenaient leurs Titres de propriétés.

A cette même époque je fus nommé du Comité des Rapports. En y prenant Séance, nous nous vîmes aussi-tôt accablés de procès-verbaux, de plaintes multipliées, des Lettres désolantes, qui, toutes, nous apprenaient chaque jour que la torche des incendiaires planait

planait sur l'universalité du Royaume. (*)

M. de Lalli offrit un tableau très-énergique de ces horreurs; il citait les preuves qu'il avait en main, qu'on attentait violemment à toutes les propriétés, et que les Droits Féodaux, sur-tout, etaient devenus l'objet de toutes les violences, et l'ardeur d'incendier les Titres le motif de tous les assassinats. A ces preuves, le Bureau des Rapports eût pu en joindre une multitude d'autres, et chaque jour en fournir de nouvelles.

M. de Lalli proposait un moyen d'arrêter ces brigandages ; ce moyen ne fut point adopté dans son intégrité; c'est que on ne voulait les calmer que par les Décrets du 4 Août.

Ainsi chaque possesseur de Fief, instruit de ce qui se passait, dût craindre que cette licence, que rien ne réprimait, n'entraînât à la fois la proscription générale et des propriétés Féodales, et de leur Possesseurs.

Cependant, les Réglemens même de l'Assemblée Nationale s'opposaient à une délibération précipitée, et on sentait qu'il n'y avait

(*) J'en ai pris un relevé très-exact, ainsi qu'un précis des faits, que je publierai avec le Compte que je dois rendre.

que dans une délibération tumultueuse, que l'on pouvait arracher les suffrages, et obtenir, sans discussion ni examen, quinze Décrets de la plus haute importance.

L'Article XIV du Réglement qui autorisait chaque Membre de l'Assemblée à requérir l'envoi des motions à la discussion des Bureaux, était un obstacle insurmontable à la véhémence des Démagogues. M. MOUNIER a si bien fait sentir l'importance de l'établissement des Bureaux, que je ne peux rien ajouter à ce qu'il en a dit; leur continuité aurait sauvé la Monarchie, et telle était l'importance de cet établissement, que leur anéantissement, et la ruine de l'État, ont été contemporains.

Le 31 Juillet fut portée la motion qui, sans les détruire nominativement, les anéantissait. Pour la premiere fois je crus devoir prendre la parole dans l'Assemblée Nationale, je le fis pour l'acquit de ma conscience; mon Discours fut court, j'en sentais l'inutilité; mais je me serais reproché de m'être tû en cette circonstance. On trouvait, disait-on, que l'établissement des Bureaux, où, éloigné du despotisme des galeries, des fureurs des partis, des huées et des menaces, chaque Député exposait son avis, le discutait sans passion, et entendait sans colere celui de ses adversaires; on trouvait qu'un pareil établissement attiédissait les *élans* du patriotisme; c'est-à-dire qu'il ôtait l'empire des mains des Démagogues, et de la tourbe qui assiégeait nos galeries, pour le remettre à la froide raison. Ce premier pas fait, on crut pouvoir dédaigner les autres Articles du Réglement; mais la nomination de M. Thouret qui, *alors*, n'était pas au gré du Parti qui voulait dominer, parut un incident dont il fallait triompher à tout prix.

On sait par quels criminels outrages envers l'Assemblée, on viola le vœu de nos suffrages, et comment on nous força de renoncer à l'élection de M. Thouret, et lui-même à se démettre, en nous menaçant de tous les crimes que la fureur et la scélératesse peuvent commettre.

Dès-lors que l'on eût forcé M. Thouret d'abdiquer, tous les obstacles furent applanis. Je le demande à ceux qui assisterent à la Séance du 4 Août, y eût-il possibilité de discuter aucune des motions qui y furent présentées? Ce fut un délire dont il n'y a pas d'exemples; les élémens qui le composaient étaient d'une part, *la terreur de la résistance, l'ardeur de la popularité, le desir de conserver une partie de sa propriété en livrant l'autre;* bientôt la rigueur des sacrifices se fit sentir, alors on voulut blesser aussi l'intérêt de ceux qui les exigeaient, on proposa des Décrets qui attaquerent leur fortune; ils n'oserent les rejetter, mais ils s'en vengerent en aggravant la rigueur des premiers sacrifices. On leur répondit par de nouvelles motions, et on finit par se laisser tellement énivrer par la colere, que chacun oubliant son propre intérêt, on regardait comme une victoire chaque coup porté à ses adversaires.

Il y eût des gens bien étonné le 5 Août, quand à midi, on leur apprit ce qu'ils avaient décrété le 4; mais ce que l'on voulait était opéré, il n'y avait plus moyen de s'en dédire, ceux qui voulaient ramener les Français à l'égalité la plus romanesque, et faire de la France la plus bizare des Républiques, n'auraient pas permis qu'on altérât en rien le principe de ces Décrets. Cependant le Réglement de l'Assemblée avait été violé dans toute ses parties.

Voici ses dispositions:

" Nulle motion ne pourra être discutée „ le jour même de la Séance dans laquelle

„ elle aura été portée, hors pour une chose „ urgente, et quand l'Assemblée aura décidé qu'elle doit être discutée sur le champ.

„ Toute motion sur laquelle l'Assemblée „ aura décidé qu'il y a lieu à délibérer, „ sera donnée sur le champ à l'impression, „ pour qu'il en soit distribué des copies à „ tous les Membres.

„ L'Assemblée jugera si la motion doit „ être portée aux Bureaux, ou si l'on doit „ en délibérer dans l'Assemblée.

„ Une motion pour renvoyer à un Co- „ mité ou en Bureaux, arrêtera tout amende- „ ment à la question principale, jusqu'à ce „ que la motion du renvoi soit décidée.

„ Toute motion relative à la Constitution „ ou à la Législation, sera portée trois fois „ à la discussion à des jours différens, en „ la forme suivante. (*).

(*) Lorsque l'on réclama, sur-tout, l'exécution de cet Article, on objecta que les Décrets du 4 Août statuaient sur des objets particuliers, qui n'avaient aucun rapport à la Constitution; et lorsque le Roi eût présenté ses Observations, avant d'accorder sa Sanction, on prétendit qu'il ne pouvait retarder la promulgation de ces Décrets, ni refuser son acceptation, parce que ces Décrets étaient *des Principes de Constitution.*

„ La motion sera lue et motivée par son „ Auteur ; après qu'elle aura été appuyée „ par deux Membres au moins, elle sera „ admise à la discussion.

„ On examinera ensuite si elle doit être „ rejettée ou renvoyée à la discussion des „ Bureaux.

„ En ce dernier cas, le jour auquel elle „ devra être reportée dans l'Assemblée gé- „ nérale sera fixé ; elle sera lue et discutée „ dans les Bureaux ; enfin, elle sera portée „ une derniere fois dans l'Assemblée géné- „ rale, et rejettée ou adoptée dans la même „ Séance ".

Avait-on observé aucune de ces formalités ? Fidèle à mon Mandat qui m'ordonnait, Article XIX, de me retirer de l'Assemblée, et de protester, si jamais pareille demande y était écoutée ; je me retirai de l'Assemblée quand je vis qu'il m'était impossible d'y obtenir la parole ; et d'ailleurs, convaincu qu'elle ne recevrait pas mes protestations, je crus devoir les déposer ailleurs que dans son sein. (*)

(*) J'ai pris les mêmes précautions pour constater, et pouvoir prouver un jour ma constante opposition à plusieurs Décrets, notamment à tous ceux qui dépouillent le Clergé de ses propriétés, et qui en ordon-

Enfin, cette collection de Décrets fût envoyée au Roi ; on ne sait si ce fût pour les

---

nent la vente ; quoique j'aie ensuite refusé, comme *particulier*, de former opposition à la vente des biens de ma famille, donnés à quelques Églises, parce que j'ai dû, comme Citoyen, me soumettre aux mêmes Décrets que je refusais de souscrire comme Député. A cet égard plusieurs motifs nécessitaient que je me justifiasse d'avoir jamais consenti à aucun des Décrets qui ont dépouillé les Églises de France.

1°. L'intérêt de la Religion. 2°. Le respect dû à la propriété. 3°. Mon respect pour la garantie Nationale accordée aux Créanciers de l'État.

Je sais que la Religion n'a pas besoin de richesses. Je sais qu'elle est née dans le sein de l'indigence, que son divin Fondateur voulut naître pauvre, et que ce furent des hommes indigens qu'il choisit pour ses Disciples ; mais si les richesses sont inutiles à la Religion, il lui est utile que ses Ministres soient indépendans, et que vivans de biens inattaquables, consacrés à l'Autel, ils ne soient jamais induits par le besoin ou la terreur à flatter les passions de ceux qui les paient, et à faire fléchir la pureté et la sévérité de la morale Chrétienne sous le joug inquisiteur et intolérant de la philosophie moderne. Voilà, suivant moi, ce qui importe essentiellement à la Religion ; et je trouve que ses Ministres perdent leur indépendance en perdant leurs propriétés.

Le respect des propriétés m'était enjoint par mon Cahier. Eh bien que le Clergé possédât d'une maniere particuliere les dons faits aux Églises ils n'en étaient pas

accepter, les sanctionner ou les promulguer; car, à la Séance du 18 Septembre, on lui

---

moins des propriétés sacrées, inviolables, dont la puissance Législative devait seulement surveiller l'emploi, en le ramenant au titre de son institution; mais dont aucune puissance sur la terre ne pouvait, suivant moi, autoriser l'expoliation. Je conviens que les immunités du Clergé étaient odieuses, qu'il s'était glissé d'intolérables abus dans la répartition de ses revenus, et qu'une sévere réforme à cet égard était nécessaire pour le maintien de la Religion et la pureté de son Culte; mais je trouvais cette reforme établie dans les titres même de sa propriété et dans les Loix de l'Église. Et quand à l'excédent de richesse qui pouvait rester au Clergé, j'en trouvais un emploi si religieux, si noble, si sublime dans l'offre volontaire qu'il nous présentait de 400 millions en numéraire pour les besoins de l'État, que je n'ai jamais pu concevoir, que je ne concevrai jamais, comment tel homme qui s'entoure de tous les déhors de la vertu et de la morale, a pu contribuer au refus de ces offres.

Mon respect pour la garantie Nationale accordée aux Créanciers de l'État, m'auraient seul éloigné de consentir à l'expoliation du Clergé, et m'aurait uniquement attaché à l'acceptation des 400 millions en numéraire qu'il présentait. Suivant moi ce secours eût sauvé l'État, parce qu'il eût ranimé notre Commerce, et recréé le crédit National. Au lieu de cela, j'ai trouvé en mon ame et conscience, la vente des biens du Clergé une excessive injustice, que nul moyen ne peut légitimer ni légaliser; et je n'ai pas trouvé par conséquent

refusa tout autre droit que celui d'en être l'Éditeur.

Quand ces Décrets furent remis au Roi, je crus qu'il était de mon devoir de présenter à Sa Majesté les motifs qui devaient l'engager à prendre sous sa protection les propriétés, et à modifier les Décrets où elles étaient attaquées avec une violence incroyable, et je le fis le 12 Septembre.

Je n'aurais jamais, dans la Chambre même de la Noblesse, refusé le rachat des Cens, si les Redevables l'eussent désiré ; mais jamais je n'ai pu croire que ce rachat fût pour eux un avantage; et voilà ce que la discussion, si elle eût eu lieu, aurait éclairci. J'ai toujours cru que de grandes propriétés territoriales entre les mains d'un seul, sont moins utiles à la chose publique que le morcellement des propriétés, et que l'industrie des hommes n'appelle l'abondance dans un champ que lorsque le champ est à celui qui le cultive. Or je trouvais que bien loin de détruire les Cens, il importait de les favoriser, afin que les grands propriétaires de fonds les morcelassent, et que se contentant d'une rede-

qu'une pareille hypotheque fut un gage certain pour les Créanciers de l'État, ni une propriété assurée pour les Acquéreurs. Je n'ajoute rien de plus.

vance immuable, ils livrassent leur fonds à l'active industrie des propriétaires. Cette idée s'est affermie dans mon esprit à mesure que j'ai examiné les inconvéniens des Décrets du 4 Août. La discussion m'aurait peut-être éclairé à cet égard, et si l'on m'eût prouvé qu'il était utile à la Nation de laisser racheter les Cens, je n'aurais pas hésité à supplier mes Commettans de m'autoriser à y consentir, et ils ne s'y seraient pas refusés.

Cette grande journée du 4 Août en préparait une non moins importante, celle du 18 Septembre : le Roi, en renvoyant les Décrets, nous présentait quelques Observations; et pour adoucir encore le dissentiment de ses opinions, il disait : " Je les modifierai; j'y „ renoncerai sans peine, si les observations „ de l'Assemblée m'y engagent".

Ces seuls mots exciterent aussi-tôt la plus violente tempête; tant de soins pour obtenir ces Décrets, n'avaient pas été pris pour qu'ils fussent modifiés. Aussi-tôt les Observations du Roi, que la postérité ne lira jamais sans attendrissement, et sans respect pour le Monarque vertueux et juste qui s'exprimait avec tant de bonté, ces Observations sont traitées *d'espece de Discours !*

Ses *demandes* " d'especes de Conférences „ que l'on ne devait pas agréer ".

On invoqua, on osa invoquer, le 18 Septembre, ce même Réglement dont on avait violé toutes les dispositions le 4 Août. On demanda l'exécution de l'Article XIX, qui défend d'agiter de nouveau toute question qui aura été décidée. Le même Orateur qui, le 19 Août avait dit : " qu'on n'avait pas assez „ respecté les propriétés dans la nuit du 4 „ Août, *s'écriait le* 18 *Septembre ;* " Si nous „ apportions des Loix qui attaquassent les „ propriétés, le DÉLÉGUÉ DE LA NA„ TION pourrait nous faire des Observa„ tions, afin de veiller aux intérêts des pro„ priétaires ; *mais nous apportons des prin„ cipes de Constitution* ". On ajoutait : " Les „ événemens de ce jour pourront arriver „ dans les Provinces, craignons de renou„ veller les incendies qui seraient plutôt al„ lumés qu'éteints " : on assurait que si on eût pu deviner les motifs des Observations du Roi, on les eût traitées comme celle de M. Necker sur la sanction qu'on avait renvoyée sans les lire ; enfin, on nous répétait que nous étions LE POUVOIR CONSTITUANT, on nous assurait que pour créer une Loi, notre volonté suffisait. Certes, ils eussent été, je crois, bien étonnés les Bailliages dont nous sommes les Mandataires, si on leur eût appris qu'en nous enjoignant toujours d'agir de concert avec le Roi, ils nous élévaient cependant au-dessus de lui; ils eussent été bien étonnés, si, en rédigeant leurs Cahiers, on eût osé y appeler le Roi le *Délégué* de la Nation, le *Pouvoir exécutif*, et éviter de lui donner le nom de Roi, jadis si cher aux Français.

Ils auraient été bien étonnés, si on leur eût dit ce que j'entendis dire le 3 Octobre à l'Assemblée, au sujet des réponses du Roi sur la Déclaration des Droits : " *Est-ce donc* „ *au Pouvoir Constitué a oser critiquer le* „ *Pouvoir Constituant dont il émane ?*

Il faut en convenir, nos Commettans n'avaient pas imaginé ces distinctions métaphysiques de Pouvoir Constituant, (*) si différent

(*) Peut-on croire que les tentatives sans cesse renouvellées pour faire adopter par les Etats-Généraux de 1789, la dénomination de Convention Nationale, ne soient le résultat de la plus profonde politique. On connaissait en France l'étendue des droits des États-Généraux, et surtout la dépendance des Députés envers leurs Commettans; mais on ignore encore ce qu'est *une Convention*,

des Législatures ordinaires; et je crois que si on les leur eût développées, ils y auraient regardé à deux fois, avant de lever sur leur tête une pareille DICTATURE.

Enfin, pour revenir à la mémorable journée du 18 Septembre, le Roi y vit ses observations dédaignées, réprouvées; et la promulgation des décrets fut impérieusement ordonnée.

Depuis cette fameuse Séance de la nuit du 4 Août, on a pris de vaines précautions pour

---

on n'ose pas même nous expliquer clairement par un Décret, quelle doit être son autorité; et c'est cependant en se servant habilement de ce nom, suivant les occurrences, qu'on a revêtu les États-Généraux de 1789 d'un pouvoir sans limite, puisque cette Assemblée réunit et exerce à la fois tous les genres de pouvoirs.

Au reste cette idée d'accroître une puissance quelconque, d'une autorité despotique en la décorant d'un nom inconnu, n'est pas nouvelle. Cromwel voulût être le Protecteur de sa Patrie, il refusa d'en être le Roi, parce que, dit M. Hume, on connaissait les droits d'un Roi et non ceux d'un Protecteur.

Auguste ne voulut être ni Dictateur comme Sylla, ni Roi ainsi que l'avait désiré César; il se revêtit de la puissance Tribunctienne, dont les pouvoirs étaient presque illimités, parce que le peuple avait cru ne pouvoir jamais rendre ses défenseurs trop puissans. Dès que Auguste fut revêtu de tout le pouvoir des défenseurs du peuple, il en devint le plus redoutable Tyran.

éviter l'effervescence des Séances de l'après dîné, celle du 19 Juin 1790 a été la commémoration de celle du 4 Août; et ces Séances se répéteront toutes les fois qu'il sera jugé essentiel d'emporter un Décret sans discussion ni réflexion.

(9) J'avais, au sujet des calomnies dont je fus l'objet le 12 Mars, et sur la dénonciation de mon séjour de quatorze heures à Bourg-en-Bresse, préparé un Mémoire pour en faire sentir toute l'ignominie ; je sçus bientôt qu'on y instruisait judiciairement contre moi, d'après la demande de quelques Députés de cette Ville à l'Assemblée ; dès-lors, je dus attendre la procédure dont je demandai moi-même la continuation. (*) Quant elle fut terminée, j'en de-

(*) Je me suis bien gardé de réclamer en cette occasion l'inviolabilité attachée à l'auguste et éminente place de Député aux États-Généraux, parce que, quelque respect qui lui soit dû, ce serait une absurdité de couvrir du privilége de l'inviolabilité un Député qui troublerait l'ordre public, au point de faire soulever le peuple, ou qui oserait commettre un crime de lèze Majesté ; ainsi j'ai demandé que la procédure, sur ma conspiration de Bourg-en-Bresse, y fut instruite. Le Tribunal de cette Ville en a renvoyé la suite à l'Assemblée ; mais non-seulement je ne l'ai pas demandé, mais je ne l'aurais jamais demandé.

Ce n'aurait été même qu'avec douleur que j'aurais in-

mandai communication judiciairement, et l'équité du Tribunal qui l'avait faite, ne lui permit pas de la refuser; mais après avoir lu ce volume de 230 pages d'enquêtes, j'ai vu qu'il m'était impossible de m'en occuper davantage. Après avoir assigné l'Aubergiste, à qui on disait que j'avais parlé pour l'empêcher de payer sa contribution patriotique, après avoir assigné les Valets d'écuries, les Servantes de l'Auberge, les Perruquiers de la Ville, (*) il est résul-

voqué l'inviolabilité si l'on m'eût arrêté, car je n'ai pas oublié comment elle est accordée à ceux qui pensent comme moi; je n'ai pu oublier la Séance du 17 Août 1789, où, sur la dénonciation qui y fut faite, qu'il existait en France une Municipalité assez criminelle pour avoir osé arrêter M. de Cazalès, qui n'était parti de Versailles que pour aller chercher de nouveaux pouvoirs, et qui y revenait porteur de nouveaux mandats, il fut délibéré qu'il serait écrit en *sa faveur* à cette Municipalité. En sa faveur! s'il eût été coupable et qu'on eût eu besoin de clémence pour lui, aurait-on rendu un autre Décret. Voyez le procès-verbal de l'Assemblée du 17 Août, page 3.

(*) Ce n'est point une plaisanterie, ce sont-là les témoins dont on a invoqué le témoignage, pour découvrir les traces de l'insurrection menaçante, que dans 14 heures j'avais eu le talent d'exciter dans la Ville de Bourg-en-Bresse, et cela sans sortir de ma chambre, sans même y avoir vu, ni y avoir parlé au Sieur Jean Lefranc, perruquier, troisieme témoin, à Marie Peri

té, de toutes leurs dépositions, le volume le plus complettement ennuyeux. En même-temps qu'il prouvait l'atrocité de la haine dont j'étais l'objet, on ne pouvait lire ce fatras sans périr d'ennui ; tant de temps avait été employé à le rédiger, à l'envoyer, que personne ne s'occupant plus de cette affaire, il n'était plus temps de publier ma défense, on n'aurait pas sçu à qui j'en voulais. Cependant, tôt ou tard, je ferai imprimer cette procédure ; ce sera un monument unique de la honteuse inquisition de ce siecle de *Liberté*. On verra aussi que cet Aubergiste dont le rapport, disait-on, était si terrible contre moi, que j'avais engagé à refuser son quart patriotique, dépose que je l'ai exhorté à le payer en lui faisant l'éloge de cet impôt. J'avoue que je ne m'étais jamais attendu à me voir au nombre de ses panégiristes. Bon Dieu, quel siecle, et quels hommes !

à Jeanne Forey, servantes d'auberge, quatrieme et cinquieme témoins, à Claude Bernard, valet d'écurie, sixieme témoin, dont l'attachement à la Constitution n'est sûrement pas douteux, et qui, cependant, n'ont pu déposer que je les aie engagés à refuser à l'État le quart de leurs revenus, ni que j'aie cherché à en faire des Conspirateurs.

www.ingramcontent.com/pod-product-compliance
Lightning Source LLC
LaVergne TN
LVHW020439230826
846091LV00004B/1551

9782011945129